ARGENTINIAN SPANISH PHRASEBOOK

Explore 200 Essential Phrases and Expressions for Confidence and Fluency in Argentinian Spanish

DIGITAL POLYGLOT

Published by Digital Polyglot

ARGENTINIAN SPANISH PHRASEBOOK

EXPLORE 200 ESSENTIAL PHRASES AND EXPRESSIONS FOR CONFIDENCE AND FLUENCY IN ARGENTINIAN SPANISH

TABLE OF CONTENTS

INTRODUCTION

Picture this: you're strolling through the bustling streets of Buenos Aires, the enticing aroma of barbecue and mate permeating the air. You strike up a conversation with a local porteño, using a phrase you learned just yesterday. Their face lights up in recognition, and suddenly, you're not just a visitor; you're an active participant in Argentina's vibrant cultural tapestry.

Learning a new language, especially one as lively and nuanced as Argentine Spanish, is more than just memorizing words; it's unlocking the door to a world overflowing with unique cultures, histories, and narratives. That's where the **Argentinian Spanish Phrasebook** comes in. Designed for both eager learners and seasoned language enthusiasts, this book is your key to mastering 200 essential phrases and words, each selected to deepen your understanding of Argentine Spanish and its colorful contexts.

With the **Argentinian Spanish Phrasebook**, we're not just teaching you to speak; we're inviting you on an adventure. Whether you're exploring the historic neighborhoods of La Boca or engaging in lively discussions with porteños, our phrasebook is crafted to make your journey through Spanish as enjoyable and enriching as possible.

Join us on this journey of discovery, culture, and communication. Let the **Argentinian Spanish Phrasebook** be your guide, not only to speaking Spanish but to living it.

Welcome to the adventure.

Digital Polyglot Team

WHAT WILL I FIND IN THIS PHRASEBOOK?

Next, you will discover 200 common words and expressions in Argentinian Spanish. These are classified and organized into eight different categories: at the restaurant, at work, emotions and attitudes, everyday life, relationships, shopping/supermarket, with family, and with friends.

On each page, you'll find three words, and for each of these, five sections: definition, formality, in context, usage tip, and similar terms. Here's a detailed breakdown of what you'll find in each one.

- **Definition:** Here, you'll find the meaning of each term, explained in a simple and concise manner.
- **Formality:** We've classified each word into the following categories: neutral, informal, and colloquial. The neutral category refers to words commonly used in everyday speech; informal for words used in casual situations, and colloquial includes daily expressions, slang, and idioms.
- **In context:** Here, you'll find a brief dialogue that serves as an example of using the corresponding word or phrase.
- **Similar terms:** Finally, here you'll find other words related to the corresponding word or phrase.

Finally, we provide two tools that will be essential for measuring and assessing your progress at the end of each category: a short story and multiple-choice exercises.

- **Short stories:** At the end of each category, you'll find a short story. This resource will serve as a method to test what you've learned through reading comprehension.

- **Multiple-choice exercises:** After reading, it's always good to put your knowledge into practice. After each story, you'll find five multiple-choice questions, which will help improve your reading comprehension.

Now that you have a better idea of the book's structure, let us share some suggestions to help you get the most value from your reading journey.

A FEW EXTRA TIPS

Learning a language requires practice and consistency, which is why we've compiled some tips to optimize your learning process.

Tip 1: One word at a time
Learning a language requires perseverance and, above all, patience. Approach this process calmly and avoid trying to learn everything quickly. Everything takes time, and patience will be crucial for achieving satisfactory results.

Tip 2: Read aloud
Read the word or phrase of the day aloud. Don't be afraid to make mistakes! Constant practice improves pronunciation and, at the same time, helps memorize new content.

Tip 3: Complete practical exercises
For each completed category, you'll find five practical exercises and a short story. Complete them to assess your skills and identify areas for improvement. Don't be afraid to make mistakes!

Tip 4: Use your new vocabulary in daily conversations
Try to incorporate the word or phrase into your daily conversations, whether with friends, family, or even with yourself. Practice makes perfect!

Tip 5: Take note of what you've learned
Keep a record of your progress. Which words are easier for you? Which ones challenge you? Reflecting on your learning is an excellent way to improve.

Following the tips we've shared, you'll remember most of the new words in your daily life. Your vocabulary will grow, and you might even surprise your Spanish-speaking friends with some interesting expressions that are not typically taught in schools.

It's time to immerse yourself in learning. Get ready for the exciting journey ahead!

AT THE RESTAURANT

AT THE RESTAURANT

1. ASADO *(ah-sah-doh)*

DEFINITION Barbecue, typically referring to the Argentine style of grilling meat.

FORMALITY Neutral.

IN CONTEXT **A:** ¿Qué hacemos el domingo?
B: Vamos a hacer un **asado** en casa de Juan.

SIMILAR TERMS Parrillada, barbacoa.

2. BIRRA *(bee-rrah)*

DEFINITION Word used to refer to beer.

FORMALITY Informal.

IN CONTEXT **A:** ¿Querés una **birra** bien fría?
B: ¡Sí, dale, me viene bárbaro!

SIMILAR TERMS Cerveza, chela.

3. CANILLA LIBRE *(kah-nee-yah lee-bray)*

DEFINITION Open bar, meaning unlimited drinks.

FORMALITY Informal.

IN CONTEXT **A:** ¿Vas a la fiesta de Pedro?
B: Sí, me dijeron que hay **canilla libre**.

SIMILAR TERMS Barra libre, barra abierta.

AT THE RESTAURANT

4. CARTA *(kahr-tah)*

DEFINITION Menu, in the context of a restaurant.

FORMALITY Neutral.

IN CONTEXT
A: ¿Ya te trajeron la **carta**?
B: Sí, estoy viendo qué pedir.

SIMILAR TERMS Menú, lista de platos.

5. CHIMICHURRI *(chee-mee-choo-ree)*

DEFINITION A traditional Argentine sauce made from parsley, garlic, vinegar, oil, and spices, typically used with grilled meat.

FORMALITY Neutral.

IN CONTEXT
A: Este asado está buenísimo.
B: Sí, y con **chimichurri** queda perfecto.

SIMILAR TERMS Salsa criolla, aderezo.

6. CHORIPÁN *(cho-ree-pahn)*

DEFINITION A sandwich made with grilled chorizo sausage and usually served with chimichurri or other toppings.

FORMALITY Neutral.

IN CONTEXT
A: ¿Probaste el **choripán** de la feria?
B: ¡Sí, estaba espectacular!

SIMILAR TERMS Chori, pancho.

AT THE RESTAURANT

7. ESCABIO *(es-kah-byoh)*

DEFINITION	Alcoholic drink, often used in a more colloquial sense.
FORMALITY	Colloquial.
IN CONTEXT	**A:** ¿Qué llevamos para la fiesta? **B:** Un poco de **escabio**, ¿no?
SIMILAR TERMS	Bebida, trago.

8. FACTURA *(fahk-too-rah)*

DEFINITION	Pastry, commonly referring to a variety of sweet pastries often enjoyed with coffee or mate.
FORMALITY	Neutral.
IN CONTEXT	**A:** Compré **facturas** para la merienda. **B:** ¡Genial, tengo el mate listo!
SIMILAR TERMS	Medialuna, dulce.

9. FECA *(feh-kah)*

DEFINITION	Coffee (a more casual term).
FORMALITY	Colloquial.
IN CONTEXT	**A:** ¿Vamos a tomar una **feca**? **B:** Dale, necesito café para despertarme.
SIMILAR TERMS	Café, cafecito.

AT THE RESTAURANT

10. JARRA LOCA *(hah-rrah loh-kah)*

DEFINITION A mixed alcoholic drink typically made in large quantities for sharing at parties.

FORMALITY Colloquial.

IN CONTEXT
A: ¿Preparaste la **jarra loca**?
B: Sí, tiene de todo un poco.

SIMILAR TERMS Coctel, trago preparado.

11. MERIENDA *(meh-ree-en-dah)*

DEFINITION Afternoon snack or light meal, usually between lunch and dinner.

FORMALITY Neutral.

IN CONTEXT
A: ¿Qué hay para la **merienda**?
B: Mate con facturas, como siempre.

SIMILAR TERMS Colación, snack.

12. MILANESA *(mee-lah-neh-sah)*

DEFINITION Breaded and fried meat cutlet, similar to a schnitzel.

FORMALITY Neutral.

IN CONTEXT
A: Hoy almorzamos **milanesas** con puré.
B: ¡Me encanta, es mi plato favorito!

SIMILAR TERMS Milanga, escalopa.

AT THE RESTAURANT

13. MILANGA *(mee-lahn-gah)*

DEFINITION Colloquial term for milanesa.

FORMALITY Colloquial.

IN CONTEXT
A: ¿Qué comemos hoy?
B: Unas **milangas** con ensalada.

SIMILAR TERMS Milanesa, empanado.

14. MORFI *(mor-fee)*

DEFINITION Slang for food, or the act of eating.

FORMALITY Colloquial.

IN CONTEXT
A: Che, ¿hay **morfi**?
B: Sí, ya está casi listo.

SIMILAR TERMS Comida, alimento.

15. MOZO *(moh-soh)*

DEFINITION Term to refer to a waiter.

FORMALITY Neutral.

IN CONTEXT
A: **Mozo**, ¿nos trae la cuenta, por favor?
B: Claro, en un momento.

SIMILAR TERMS Camarero, garzón.

AT THE RESTAURANT

16. ÑOQUIS *(nyoh-kees)*

DEFINITION	Gnocchi, a type of pasta made from potatoes or flour, popular in Argentina.
FORMALITY	Neutral.
IN CONTEXT	**A:** Hoy es 29, ¿hacemos **ñoquis**? **B:** Dale, como manda la tradición.
SIMILAR TERMS	Pasta, ravioles.

17. POCHOCLOS *(poh-choh-klohs)*

DEFINITION	Term used to refer to popcorn.
FORMALITY	Informal.
IN CONTEXT	**A:** Compré **pochoclos** para ver la peli. **B:** ¡Perfecto, es lo mejor para el cine!
SIMILAR TERMS	Palomitas, pop.

18. SIFÓN *(see-fohn)*

DEFINITION	Seltzer bottle, used to serve carbonated water.
FORMALITY	Informal.
IN CONTEXT	**A:** ¿Tenés **sifón** para el vino? **B:** Sí, en la heladera.
SIMILAR TERMS	Soda, agua con gas.

SHORT STORY

Thalia y Raquel, amigas de toda la vida, han decidido pasar un domingo juntas. Después de una semana ajetreada, planean relajarse con buena comida, una película, y una larga charla. Se encuentran en la casa de Thalia, donde han organizado una tarde perfecta para desconectar y disfrutar.

Thalia: ¡Raquel, qué bueno que llegaste! Justo terminé de preparar todo para el asado. ¿Te acordás lo que hablamos la semana pasada?

Raquel: ¡Claro! Un domingo de asado y charla. Me viene perfecto después de la semana que tuve en el laburo. ¿Ya tenés todo listo?

Thalia: Sí, casi. El asado ya está en la parrilla, y preparé una buena cantidad de chimichurri. ¿Querés una birra mientras esperamos?

Raquel: ¡Obvio! Una birra bien fría es justo lo que necesito. ¡Qué ganas de morfi! ¿Hiciste también choripanes?

Thalia: ¡Por supuesto! Hay choripán para arrancar, y después vienen las milanesas. También preparé unas milangas para la noche, así no nos quedamos con hambre más tarde.

Raquel: ¡Qué genia sos! Esto es un banquete. Pero, decime, ¿tenés algo de escabio aparte de la birra? Podríamos hacer una jarra loca para la noche.

Thalia: ¡Obvio! Ya tengo todo para la jarra loca, la podemos armar después del asado. Y si te da sed antes, tengo un sifón en la heladera para que tomemos un fernet con soda.

Raquel: ¡Sos lo más! Ya estoy salivando. Pero decime, ¿hay algo para la merienda? Sabés que me encanta acompañar el mate con algo rico.

Thalia: Sí, compré facturas esta mañana. Así después del asado, tomamos unos mates con facturas y pochoclos cuando veamos la peli. ¿Te acordás que te dije que tenía ganas de ver esa peli nueva que salió?

Raquel: ¡Perfecto! ¿Qué sería de una tarde de amigas sin feca y facturas? Y los pochoclos son ideales para la peli. Por cierto, ¿qué peli vamos a ver?

Thalia: Estaba pensando en algo ligero, una comedia romántica para reírnos un rato. Pero antes de la peli, terminamos con los ñoquis que nos quedaron del viernes. ¿Te parece bien?

Raquel: ¡Me encanta! Los ñoquis de tu abuela siempre son los mejores. Este domingo pinta espectacular, Thalia. Estoy feliz de haber venido.

Thalia: Yo también, Raquel. Nada como un buen día de morfi y charlas con vos. Ahora, vamos a comer que el asado ya está listo. ¡Que no se enfríe la comida!

Raquel: ¡Vamos! Y después, la feca y las facturas. No puedo pedir más. Gracias por ser siempre la mejor anfitriona.

Thalia: De nada, amiga. Sabés que siempre es un placer tenerte acá. Ahora a disfrutar del asado y la tarde juntas.

QUESTIONS

¿Qué estaba preparando Thalia cuando llegó Raquel?

a) Un choripán
b) Un asado
c) Unas milanesas
d) Unos ñoquis

¿Qué bebida fría le ofrece Thalia a Raquel al comienzo?

a) Vino
b) Soda
c) Birra
d) Feca

¿Qué planean tomar Raquel y Thalia durante la noche después del asado?

a) Fernet con soda
b) Jarra loca
c) Feca
d) Chimichurri

¿Qué acompaña a la merienda después del asado?

a) Ñoquis y pochoclos
b) Pochoclos y choripán
c) Mate con facturas
d) Choripán y milanesas

¿Qué actividad planean hacer después de la merienda?

a) Ver una película
b) Hacer más ñoquis
c) Salir a caminar
d) Preparar más asado

AT WORK

AT WORK

19. ABROCHADORA *(ah-broh-chah-doh-rah)*

DEFINITION A tool used for binding papers with staples.

FORMALITY Neutral.

IN CONTEXT **A:** ¿Me pasás la **abrochadora**?
B: Sí, acá tenés.

SIMILAR TERMS engrampadora.

20. BOGA *(boh-gah)*

DEFINITION Informal way of referring to a lawyer.

FORMALITY Colloquial.

IN CONTEXT **A:** ¿Conocés un buen **boga** para mi caso?
B: Sí, te paso el contacto de uno muy bueno.

SIMILAR TERMS Abogado.

21. BONDI *(bohn-dee)*

DEFINITION Bus or collective.

FORMALITY Colloquial.

IN CONTEXT **A:** ¿Cómo llegaste al centro?
B: Tomé el **bondi**.

SIMILAR TERMS Colectivo, micro.

AT WORK

22. CACHIUSO *(kah-chee-oo-soh)*

DEFINITION A person who is suspicious or sly.

FORMALITY Colloquial.

IN CONTEXT
A: Ese tipo me parece medio **cachiuso**, tené cuidado.
B: Sí, no me da confianza.

SIMILAR TERMS Sospechoso, chanta.

23. CAPO *(kah-poh)*

DEFINITION Someone who is very skilled or admired; boss.

FORMALITY Colloquial.

IN CONTEXT
A: ¡Qué bien jugaste! Sos un **capo**.
B: Gracias, me salió todo bien hoy.

SIMILAR TERMS Genio, maestro.

24. CHANGA *(chahn-gah)*

DEFINITION Temporary job, often informal or short-term.

FORMALITY Colloquial.

IN CONTEXT
A: ¿En qué andás?
B: Estoy haciendo una **changa** de plomería.

SIMILAR TERMS Trabajo ocasional, laburito.

AT WORK

25. CHUPAMEDIAS (*choo-pah-meh-dee-ahs*)

DEFINITION Sycophant; someone who flatters excessively to gain favor.

FORMALITY Colloquial.

IN CONTEXT **A:** No soporto a Juan, es un **chupamedias** del jefe.
B: Sí, siempre lo ves adulándolo.

SIMILAR TERMS Alcahuete, lamebotas.

26. CURRAR (*koo-rrar*)

DEFINITION To swindle or make money easily, often with dishonest means.

FORMALITY Colloquial.

IN CONTEXT **A:** Ese tipo está **currando** a todos con esos productos.
B: Sí, mejor no le compres nada.

SIMILAR TERMS Estafar, robar.

27. CURTIR (*koor-teer*)

DEFINITION To engage in or experience something intensely.

FORMALITY Colloquial.

IN CONTEXT **A:** ¿Qué tal te va en el trabajo?
B: Más o menos, estoy **curtiendo** para poder ahorrar.

SIMILAR TERMS Experimentar, esforzarse.

AT WORK

28. DARSE FRANCOS *(dar-seh frahn-kohs)*

DEFINITION To take a day off, usually from work.

FORMALITY Colloquial.

IN CONTEXT **A:** Me **di un franco** hoy, necesitaba descansar.
B: Bien hecho, te lo merecías.

SIMILAR TERMS Tomarse un día, descansar.

29. DIEGO *(dee-eh-goh)*

DEFINITION Informal term used to refer to bribery, kickbacks or corruption.

FORMALITY Colloquial.

IN CONTEXT **A:** Para que te atiendan rápido, tenés que darles un **diego**.
B: Qué mal, pero es la única forma.

SIMILAR TERMS Coima, soborno.

30. ENCHUFADO *(en-choo-fah-doh)*

DEFINITION Connected or plugged in, also used to describe someone who is very focused or energized.

FORMALITY Neutral.

IN CONTEXT **A:** Estás muy **enchufado** hoy, ¡qué energía!
B: Sí, me siento con todas las pilas.

SIMILAR TERMS Conectado, enfocado.

AT WORK

31. GROSO (groh-soh)

DEFINITION Awesome, great, or important person.

FORMALITY Colloquial.

IN CONTEXT
A: Ese músico es un **groso**, ¿lo viste en vivo?
B: Sí, es impresionante.

SIMILAR TERMS Genial, capo.

32. GUARDÁ (gwahr-dah)

DEFINITION Keep or save; also used as a warning to be careful.

FORMALITY Neutral.

IN CONTEXT
A: **Guardá** esos documentos, los vamos a necesitar.
B: Ya están guardados.

SIMILAR TERMS Guardar, cuidar.

33. GUITA (gee-tah)

DEFINITION Money (slang).

FORMALITY Colloquial.

IN CONTEXT
A: ¿Tenés algo de **guita** para prestarme?
B: Sí, ¿cuánto necesitás?

SIMILAR TERMS Plata, dinero.

AT WORK

34. GUITA SANA *(gee-tah sah-nah)*

DEFINITION Legitimately earned money.

FORMALITY Colloquial.

IN CONTEXT
A: Esta **guita sana** me costó mucho esfuerzo.
B: Y por eso vale más.

SIMILAR TERMS Plata limpia, dinero honrado.

35. GUITA VERDE *(gee-tah vehr-deh)*

DEFINITION U.S. dollars.

FORMALITY Colloquial.

IN CONTEXT
A: Necesito conseguir **guita verde** para el viaje.
B: Sí, mejor que el peso para ahorrar.

SIMILAR TERMS Dólares, verdes.

36. HACER LA PLANCHA *(ah-sehr lah plahn-chah)*

DEFINITION To take it easy, not put in much effort.

FORMALITY Colloquial.

IN CONTEXT
A: Esta semana voy a **hacer la plancha** en el laburo.
B: Sí, ya trabajaste bastante.

SIMILAR TERMS Relajarse, no esforzarse.

AT WORK

37. JOYA *(hoh-shah)*

DEFINITION Great, perfect (expression).

FORMALITY Informal.

IN CONTEXT
A: ¿Todo bien?
B: Sí, todo **joya**, ¿vos?

SIMILAR TERMS Perfecto, genial.

38. LA MOSCA *(lah moh-skah)*

DEFINITION Money (slang).

FORMALITY Colloquial.

IN CONTEXT
A: Necesito **la mosca** para pagar el alquiler.
B: Te la paso mañana.

SIMILAR TERMS Guita, plata.

39. LABURAR *(lah-boo-rahr)*

DEFINITION To work (slang).

FORMALITY Neutral.

IN CONTEXT
A: Tengo que **laburar** todo el fin de semana.
B: Qué bajón, te va a hacer falta un descanso.

SIMILAR TERMS Trabajar, currar.

AT WORK

40. LABURO *(lah-boo-roh)*

DEFINITION Job (slang).

FORMALITY Neutral.

IN CONTEXT **A:** ¿Cómo va el **laburo**?
B: Bien, con mucho para hacer.

SIMILAR TERMS Trabajo, chamba.

41. RESCATARSE *(rehs-kah-tar-seh)*

DEFINITION To realize or become aware of something, often implying to be careful or to stop doing something risky.

FORMALITY Colloquial.

IN CONTEXT **A:** Te tenés que **rescatar**, esto puede ser peligroso.
B: Sí, tenés razón, mejor me cuido.

SIMILAR TERMS Darse cuenta, reaccionar.

42. SE PUSO LA CAMISETA *(seh poo-soh lah cah-mee-seh-tah)*

DEFINITION To show loyalty and dedication, often to a cause or team.

FORMALITY Colloquial.

IN CONTEXT **A:** En el proyecto, Juan **se puso la camiseta** y nos ayudó.
B: Sí, es un genio.

SIMILAR TERMS Comprometerse, involucrarse.

AT WORK

43. SER DE FIERRO *(sehr deh fee-eh-rroh)*

DEFINITION To be reliable or trustworthy.

FORMALITY Colloquial.

IN CONTEXT
A: Juan siempre está cuando lo necesitás, **es de fierro**.
B: Sí, podés contar con él siempre.

SIMILAR TERMS Ser leal, ser confiable.

44. SER DE MADERA *(sehr deh mah-deh-rah)*

DEFINITION To be bad at something, usually a specific skill.

FORMALITY Colloquial.

IN CONTEXT
A: **Soy de madera** para el fútbol, nunca meto un gol.
B: Bueno, no todos somos Messi.

SIMILAR TERMS Ser malo, no tener talento.

45. SER GARDEL *(sehr gahr-dehl)*

DEFINITION To be the best, to be unbeatable in something.

FORMALITY Colloquial.

IN CONTEXT
A: Con ese asado, **sos Gardel**.
B: Gracias, me salió buenísimo.

SIMILAR TERMS Ser el mejor, ser imbatible

AT WORK

46. TAPIÑERO *(tah-pee-neh-roh)*

DEFINITION A sneaky or underhanded person.

FORMALITY Informal.

IN CONTEXT **A:** No confíes en él, es un **tapiñero**.
B: Sí, lo tengo en la mira.

SIMILAR TERMS Tramposo, disimulado.

SHORT STORY

Mateo y Ariana estaban en la oficina, terminando un proyecto urgente que debía entregarse al día siguiente.

Mateo: Ariana, ¿viste la guita que nos ofrece este cliente si hacemos bien el trabajo?

Ariana: Sí, es una buena oportunidad. Pero ojo, no podemos fallar en nada. Este proyecto es groso, y necesitamos dar lo mejor de nosotros.

Mateo: Claro, no es momento de hacer la plancha. Hay que ponerse la camiseta y asegurar que todo esté perfecto.

Ariana: Exacto. Ah, pasame la abrochadora, por favor. Necesito juntar estos papeles.

Mateo: Acá tenés. Che, ¿te diste cuenta de que nos falta un detalle en la presentación?

Ariana: ¿Qué? ¡No me digas! A ver, dejame ver... Tenés razón, nos falta una parte clave del brief. Rescatémonos antes de que sea tarde.

Mateo: No quiero que piensen que somos de madera para esto. Corregimos y listo.

Ariana: Sí, hay que asegurarnos de que todo esté impecable. Este cliente es exigente, y no podemos darnos el lujo de cometer errores.

Mateo: Ya lo arreglé. Creo que ahora sí podemos decir que somos Gardel con esta presentación.

Ariana: ¡Qué alivio! Este laburo estuvo pesado, pero valió la pena. Ahora, solo falta que el cliente quede tan contento como nosotros.

Mateo: Seguro que sí. Laburamos como unos capos, no hay forma de que no les guste.

Ariana: Totalmente. Estoy lista para el siguiente desafío, pero después de un buen descanso.

Ambos sonrieron, satisfechos con el trabajo realizado. Habían superado un desafío importante y estaban listos para lo que viniera.

QUESTIONS

¿Por qué Mateo y Ariana estaban tan enfocados en su trabajo?

a) Porque tenían poco trabajo
b) Porque estaban atrasados con otros proyectos
c) Porque el proyecto era importante y ofrecía una buena ganancia
d) Porque el cliente era fácil de complacer

¿Qué detalle importante se dieron cuenta que faltaba en la presentación?

a) Una parte clave del brief
b) El nombre del cliente
c) La fecha de entrega
d) Las imágenes del proyecto

¿Qué significa que "se pusieron la camiseta" en el contexto de la historia?

a) Que decidieron trabajar desde casa
b) Que demostraron dedicación y compromiso
c) Que cambiaron de equipo
d) Que se tomaron un descanso

¿Qué quería decir Mateo cuando mencionó que podían decir que eran "Gardel" con la presentación?

a) Que habían hecho un trabajo excelente
b) Que debían hacer cambios
c) Que necesitaban ayuda
d) Que estaban cansados

¿Cómo se sintieron Mateo y Ariana al final de la jornada?

a) Frustrados por los errores
b) Satisfechos y aliviados
c) Preocupados por la respuesta del cliente
d) Indiferentes al resultado

EMOTIONS AND ATTITUDES

EMOTIONS AND ATTITUDES

47. AL PEDO *(al peh-doh)*

DEFINITION Used to indicate that something is unnecessary or a waste of time.

FORMALITY Colloquial.

IN CONTEXT **A:** ¿Vas a ir a la reunión?
B: No, es **al pedo**, no van a decidir nada.

SIMILAR TERMS Inútil, sin sentido.

48. ARRUGAR *(ah-roo-gahr)*

DEFINITION To back down or chicken out, usually at the last moment.

FORMALITY Colloquial.

IN CONTEXT **A:** ¿Y qué pasó con la pelea?
B: Al final **arrugó** y no vino.

SIMILAR TERMS Acobardarse, rajarse.

49. ATORRANTE *(ah-toh-rahn-teh)*

DEFINITION Refers to a lazy person, someone who doesn't like to work or who lives aimlessly.

FORMALITY Informal.

IN CONTEXT **A:** ¿Por qué no lo contratás?
B: Es un **atorrante**, no hace nada.

SIMILAR TERMS Vago, holgazán.

EMOTIONS AND ATTITUDES

50. BABIECA *(bah-bee-eh-kah)*

DEFINITION An old-fashioned word to describe someone as foolish or simple-minded.

FORMALITY Informal.

IN CONTEXT **A:** ¿No se dio cuenta que le estaban mintiendo?
B: No, es un **babieca**.

SIMILAR TERMS Tonto, ingenuo.

51. BARDEAR *(bahr-deh-ahr)*

DEFINITION To insult or provoke someone, often leading to an argument or confrontation.

FORMALITY Colloquial.

IN CONTEXT **A:** Dejá de **bardear** a la gente, no te hizo nada.
B: Solo le dije lo que pienso.

SIMILAR TERMS Insultar, provocar.

52. BOLACEAR *(boh-lah-seh-ahr)*

DEFINITION To joke around or tease someone, often by exaggerating or making up stories.

FORMALITY Informal.

IN CONTEXT **A:** No le creas, te está **bolaceando.**
B: ¿En serio? Pensé que era verdad.

SIMILAR TERMS Joder, bromear.

EMOTIONS AND ATTITUDES

53. BOLETEAR *(boh-leh-teh-ahr)*

DEFINITION To kill someone, usually referring to a hit or execution.

FORMALITY Colloquial.

IN CONTEXT **A:** ¿Qué pasó con el tipo que hablaba mucho?
B: Lo **boletearon** la semana pasada.

SIMILAR TERMS Liquidar, matar.

54. CAGAZO *(kah-gah-soh)*

DEFINITION Intense fear or fright, often sudden or overwhelming.

FORMALITY Informal.

IN CONTEXT **A:** ¿Qué te pasó que estás pálido?
B: Me pegué un **cagazo** cuando vi la sombra.

SIMILAR TERMS Miedo, susto.

55. CARGAR A ALGUIEN *(kahr-gahr ah ahl-gwee-en)*

DEFINITION To tease or mock someone in a playful or annoying way.

FORMALITY Informal.

IN CONTEXT **A:** ¡Dejá de **cargarme** con eso!
B: Es que te pones rojo, es muy gracioso.

SIMILAR TERMS Molestar, bromear.

EMOTIONS AND ATTITUDES

56. CHORREAR *(chohr-reh-ahr)*

DEFINITION To steal, often in a sneaky or underhanded way.

FORMALITY Colloquial.

IN CONTEXT
A: Cuidá tus cosas, que acá te **chorrean** en un segundo.
B: Sí, ya me avisaron.

SIMILAR TERMS Robar, afanar.

57. CHUPAR FAROL *(choo-pahr fah-rohl)*

DEFINITION To be naive or gullible, easily believing something that isn't true.

FORMALITY Informal.

IN CONTEXT
A: Le dijeron que se ganó la lotería y lo creyó.
B: Siempre **chupando farol.**

SIMILAR TERMS Creer cualquier cosa, ser ingenuo.

58. CONCHUDO *(kohn-choo-doh)*

DEFINITION A vulgar term used to describe someone as shameless, audacious, or disrespectful.

FORMALITY Colloquial.

IN CONTEXT
A: ¡Qué **conchudo**! Se llevó mi silla sin pedir permiso.
B: Sí, no tiene vergüenza.

SIMILAR TERMS Descarado, atrevido.

59. CULIADO *(koo-lee-ah-doh)*

DEFINITION A vulgar insult used mainly in Argentina, often meaning "jerk" or "bastard."

FORMALITY Colloquial.

IN CONTEXT **A:** ¡Sos un **culiado**! Me dejaste plantado otra vez.
B: Perdón, se me hizo tarde.

SIMILAR TERMS Cabrón, maldito.

60. EL QUE NO CORRE, VUELA *(ehl keh noh koh-reh, voo-eh-lah)*

DEFINITION A saying that means those who don't act fast will miss out, often in competitive situations.

FORMALITY Informal.

IN CONTEXT **A:** ¡Ya no quedan entradas para el concierto!
B: Qué pena. **El que no corre, vuela.**

SIMILAR TERMS El que pestañea, pierde; hay que estar vivo.

61. EMBOLE *(ehm-boh-leh)*

DEFINITION Refers to something boring or tedious, often causing annoyance or frustration.

FORMALITY Informal.

IN CONTEXT **A:** Esta película es un **embole**, me estoy durmiendo.
B: Cambiemos de canal, entonces.

SIMILAR TERMS Aburrimiento, lata.

EMOTIONS AND ATTITUDES

62. EMPINGADO/A *(ehm-peen-gah-doh/ah)*

DEFINITION Someone who is upset or angry, often to the point of being irrational.

FORMALITY Colloquial.

IN CONTEXT
A: ¿Por qué estás tan **empingado**?
B: Me hicieron esperar dos horas en la fila.

SIMILAR TERMS Enfadado, cabreado.

63. ESTAR AL HORNO *(ehs-tahr ahl ohr-noh)*

DEFINITION To be in trouble or in a difficult situation with little chance of success.

FORMALITY Colloquial.

IN CONTEXT
A: No estudié nada para el examen.
B: Estás al horno, no vas a aprobar.

SIMILAR TERMS Estar en problemas, estar frito.

64. ESTAR HECHO PERCHA *(ehs-tahr eh-choh pehr-chah)*

DEFINITION To feel exhausted, in bad shape, or to be physically worn out.

FORMALITY Colloquial.

IN CONTEXT
A: Corrí cinco kilómetros y **estoy hecho percha.**
B: Te entiendo, yo también.

SIMILAR TERMS Estar destrozado, estar agotado.

65. ESTAR RE CALIENTE

(ehs-tahr reh kah-lyehn-teh)

DEFINITION To be very angry or upset about something.

FORMALITY Colloquial.

IN CONTEXT
A: ¿Qué pasa? Te veo mal.
B: Estoy re caliente, me chocaron el auto.

SIMILAR TERMS Estar furioso, estar enfurecido.

66. FORRO *(fohr-roh)*

DEFINITION An insult meaning "jerk" or "asshole," used to describe someone who is mean, selfish, or annoying.

FORMALITY Colloquial.

IN CONTEXT
A: No me contestó el mensaje, ¡qué **forro**!
B: No te preocupes, no vale la pena.

SIMILAR TERMS Gil, pelotudo.

67. GRASA *(grah-sah)*

DEFINITION A term used to describe someone or something as tacky, cheap, or lacking in style.

FORMALITY Informal.

IN CONTEXT
A: ¿Viste ese auto lleno de luces?
B: Sí, es re **grasa**.

SIMILAR TERMS Ordinario, cursi.

EMOTIONS AND ATTITUDES

68. HACERSE PELOTA
(ah-sehr-seh peh-loh-tah)

DEFINITION To get hurt or injured badly, often as a result of an accident or doing something reckless.

FORMALITY Informal.

IN CONTEXT
A: Me **hice pelota** jugando al fútbol ayer.
B: ¿Estás bien?

SIMILAR TERMS Destrozarse, lastimarse.

69. IR DE JODA *(eer deh hoh-dah)*

DEFINITION To go out partying, often with the implication of having a good time and staying out late.

FORMALITY Colloquial.

IN CONTEXT
A: ¿Qué planes tenés para esta noche?
B: Voy de joda con los chicos.

SIMILAR TERMS Salir de fiesta, ir de rumba.

70. IRSE A LAS PIÑAS
(eer-seh ah lahs pee-nyahs)

DEFINITION To get into a physical fight or to start throwing punches.

FORMALITY Informal.

IN CONTEXT
A: No se pudieron calmar y se **fueron a las piñas.**
B: Qué mal, no era necesario.

SIMILAR TERMS Pelearse, agarrarse a golpes.

71. LE SALTÓ LA TÉRMICA

(leh sahl-toh lah tehr-mee-kah)

DEFINITION To lose one's temper suddenly, often in an explosive or unexpected way.

FORMALITY Colloquial.

IN CONTEXT **A:** Estaba tranquilo y de repente **le saltó la térmica.**
B: Sí, se enojó por nada.

SIMILAR TERMS Perder el control, enojarse.

72. MALA LECHE *(mah-lah leh-cheh)*

DEFINITION Bad luck or bad intentions, depending on the context.

FORMALITY Informal.

IN CONTEXT **A:** Siempre tiene **mala leche**, todo le sale mal.
B: Pobre, no puede levantar cabeza.

SIMILAR TERMS Mala onda, mal karma.

73. ME CORTARON LAS PIERNAS

(meh kohr-tah-rohn lahs pee-ehr-nahs)

DEFINITION A phrase used when something unexpected prevents you from achieving a goal.

FORMALITY Colloquial.

IN CONTEXT **A:** ¿Cómo te fue en el examen?
B: Me cortaron las piernas, pusieron temas que no estudié.

SIMILAR TERMS Me arruinaron, me frustraron.

EMOTIONS AND ATTITUDES

74. NI EN PEDO *(nee ehn peh-doh)*

DEFINITION A strong refusal, meaning "no way" or "not even drunk".

FORMALITY Colloquial.

IN CONTEXT
A: ¿Venís a la fiesta?
B: **Ni en pedo**, tengo que estudiar.

SIMILAR TERMS Ni loco, de ninguna manera.

75. ORTIVA *(ohr-tee-vah)*

DEFINITION Someone who is a killjoy or a snitch, usually someone who ruins the fun for others.

FORMALITY Colloquial.

IN CONTEXT
A: No lo invites, es un **ortiva**.
B: Tenés razón, siempre arruina todo.

SIMILAR TERMS Aguafiestas, botón.

76. PECHO FRÍO *(peh-choh free-oh)*

DEFINITION A term used to describe someone as lacking passion or courage, often in sports contexts.

FORMALITY Informal.

IN CONTEXT
A: En el partido de hoy, no hizo nada.
B: Es un **pecho frío**, no se compromete.

SIMILAR TERMS Cobarde, sin sangre.

77. PELOTUDO *(peh-loh-too-doh)*

DEFINITION A strong insult meaning "idiot" or "moron," used to describe someone as very stupid or foolish.

FORMALITY Colloquial.

IN CONTEXT
A: ¡Qué **pelotudo**! Se olvidó las llaves de nuevo.
B: Siempre le pasa lo mismo.

SIMILAR TERMS Estúpido, imbécil.

78. PIOLA *(pee-oh-lah)*

DEFINITION Used to describe someone or something as cool, clever, or easy-going.

FORMALITY Colloquial.

IN CONTEXT
A: Ese chico es re **piola**, siempre te ayuda.
B: Sí, es muy buena onda.

SIMILAR TERMS Buena onda, copado.

79. PORFIADO/A *(Terco, cabezadura.)*

DEFINITION A stubborn person who insists on their point of view or refuses to change their mind.

FORMALITY Neutral.

IN CONTEXT
A: No quiere admitir que se equivocó.
B: Es muy **porfiado**, nunca lo va a hacer.

SIMILAR TERMS Terco, cabezadura.

80. RATA *(rah-tah)*

DEFINITION A term used to describe someone as cheap or stingy, unwilling to spend money.

FORMALITY Informal.

IN CONTEXT **A:** Nunca quiere pagar nada, es una **rata**.
B: Sí, siempre se hace el distraído.

SIMILAR TERMS Tacaño, amarrete.

81. VIRULEAR *(vee-roo-leh-ahr)*

DEFINITION To tease, mess around, or joke, often with a playful or mocking tone.

FORMALITY Informal.

IN CONTEXT **A:** Dejá de **virulearme**, estoy hablando en serio.
B: Perdón, no pude evitarlo.

SIMILAR TERMS Cargar, bromear.

SHORT STORY

Es viernes por la noche, y un grupo de amigos, Martín, Ana, y Facu, están en un bar tomando algo después de una semana estresante. Han estado charlando de todo un poco, desde el trabajo hasta planes para el fin de semana, cuando la conversación empieza a tomar un giro inesperado.

Martín: ¿Che, se enteraron de lo que pasó en el laburo?

Ana: ¿Otra vez te mandaste una, Martín? Decime que no.

Facu: Dale, contá. Seguro es un embole, pero ahora quiero saber.

Martín: No, no, esta vez no fui yo. Resulta que el nuevo se mandó una cagada. Estábamos todos tranquilos cuando gritó en medio de la oficina, tiró todos los papeles y salió corriendo.

Ana: ¡No te creo! ¿Qué pasó después?

Martín: Y bueno, parece que lo estaban cargando desde que empezó, y claro, el chabón no aguantó más. Encima, uno de los compañeros más forros le dijo algo muy mala leche justo antes de que explotara.

Ana: Ay, pobre tipo. La verdad es que esas cosas te hacen pelota, especialmente si es tu primer laburo. Igual, no me sorprende de ese forro, siempre anda bardeando a los demás.

Facu: Eso es verdad. Ese tipo es un ortiva, siempre arruinando todo. No sé cómo todavía no lo boletearon. Pero pará, ¿y qué hizo el jefe?

Martín: Y nada, el jefe es un grasa, no hizo nada. Como siempre, se hizo el boludo y dejó que la situación empeorara.

Ana: ¡Qué bronca! La verdad es que la gente como él te deja re caliente. Me cortan las piernas con esa actitud.

Facu: Ya fue. Mejor hablemos de algo más piola. ¿Qué onda este fin de semana? ¿Nos vamos de joda o qué?

Martín: ¡Obvio! Estoy re hecho percha después de esta semana, necesito salir y despejarme. ¿Vamos al boliche ese te gusta?

Ana: Dale, pero que esta vez Facu no arrugue. La última vez se fue a las piñas con uno y nos arruinó la noche.

Facu: ¡Ey, ey! Eso fue culpa de ese boludo, no mía. Además, ya está, no me hagan virulear con eso.

Ana: Te perdonamos. Pero no nos vayas a dejar tirados esta vez.

Martín: Che, hablando de planes... ¿alguien sabe si va a ir el pecho frío de Tomi?

Facu: ¿El que siempre se queda en una esquina mirando el celular? ¡Ni en pedo lo invito! El flaco nunca se copa para nada.

Ana: Jaja, sí, mejor no. Que se quede en su casa viendo series, así nosotros disfrutamos tranquilos.

Martín: Bueno, entonces quedamos así. Nos encontramos mañana a las diez, ¿les parece?

Facu: Perfecto, yo me encargo de llevar algo para la previa. Nada de ortivadas, va a estar piola.

Ana: Listo, ¡mañana la rompemos!

QUESTIONS

¿Por qué el nuevo empleado perdió la paciencia en la oficina?

a) Porque su jefe lo regañó
b) Porque lo estaban cargando
c) Porque tenía mucho trabajo
d) Porque llegó tarde

¿Qué palabra usa Ana para describir al jefe de Martín?

a) Forro
b) Ortivo
c) Grasa
d) Mala leche

¿Qué le pide Ana a Facu para la salida del fin de semana?

a) Que no arrugue
b) Que invite a Tomi
c) Que elija el boliche
d) Que no se emborrache

¿Por qué Martín quiere salir el fin de semana?

a) Porque está re caliente
b) Porque está hecho percha
c) Porque le gusta el boliche
d) Porque quiere ver a Tomi

¿Qué es lo que Facu promete llevar para la previa?

a) Entradas para el boliche
b) Algo para la previa
c) Dinero
d) Música

EVERYDAY LIFE

82. AFANAR *(ah-fah-nahr)*

DEFINITION	To steal or rob.
FORMALITY	Colloquial.
IN CONTEXT	**A:** Me **afanaron** la billetera en el tren. **B:** ¡Qué mal! ¿Lo reportaste?
SIMILAR TERMS	Robar, chorear.

83. AJOBA *(ah-hoh-bah)*

DEFINITION	Used to refer to the direction "down" or "below."
FORMALITY	Informal.
IN CONTEXT	**A:** ¿Dónde está el control remoto? **B:** Fijate **ajoba** del sillón.
SIMILAR TERMS	Abajo, debajo.

84. ANDATE *(ahn-dah-teh)*

DEFINITION	A forceful way to tell someone to leave.
FORMALITY	Informal.
IN CONTEXT	**A:** No quiero discutir más, **andate** de mi casa. **B:** Está bien, me voy.
SIMILAR TERMS	Vete, largate.

85. BOSTERO *(boh-steh-roh)*

DEFINITION	A derogatory term used to refer to a fan of the Boca Juniors football team.
FORMALITY	Colloquial.
IN CONTEXT	**A:** ¡Mirá al **bostero**, siempre agrandado! **B:** No me provoques, que te gano en cualquier cancha.
SIMILAR TERMS	Hincha de Boca.

86. CACHIVACHERO *(kah-chee-vah-cheh-roh*

DEFINITION	Someone who hoards or collects useless things.
FORMALITY	Informal.
IN CONTEXT	**A:** Tenés demasiadas cosas en tu casa. **B:** Sí, soy un **cachivachero**, me cuesta tirar cosas.
SIMILAR TERMS	Acumulador, coleccionista.

87. CANA *(kah-nah)*

DEFINITION	Slang for the police.
FORMALITY	Colloquial.
IN CONTEXT	**A:** Mejor no hagas ruido, la **cana** está cerca. **B:** Tranquilo, no estamos haciendo nada ilegal.
SIMILAR TERMS	Policía, yuta.

EVERYDAY LIFE

88. CHE *(cheh)*

DEFINITION A common interjection used to get someone's attention or as a casual greeting.

FORMALITY Informal.

IN CONTEXT
A: Che, ¿me pasás la sal?
B: Sí, acá tenés.

SIMILAR TERMS Hey, amigo.

89. CHIVO *(chee-voh)*

DEFINITION Slang for body odor or sweat.

FORMALITY Informal.

IN CONTEXT
A: Después del partido me salió un **chivo** terrible.
B: Andá a darte una ducha rápido.

SIMILAR TERMS Olor, sudor.

90. CHOREAR *(cho-reh-ahr)*

DEFINITION To steal or rob, synonym of "afanar."

FORMALITY Informal.

IN CONTEXT
A: Anoche me **chorearon** el celular en el colectivo.
B: ¡Qué bajón! ¿Lo vas a denunciar?

SIMILAR TERMS Robar, afanar.

EVERYDAY LIFE

91. CHORRO *(cho-rroh)*

DEFINITION A thief or robber.

FORMALITY Colloquial.

IN CONTEXT
A: ¡Ese tipo es un **chorro**, cuidado!
B: Gracias por avisar, me guardo el celular.

SIMILAR TERMS Ladrón, delincuente.

92. CIBER *(see-behr)*

DEFINITION An internet café or place with computers for public use.

FORMALITY Neutral.

IN CONTEXT
A: ¿Dónde vas a imprimir el documento?
B: Voy al **ciber** de la esquina.

SIMILAR TERMS Locutorio.

93. COLECTIVO *(koh-lek-tee-voh)*

DEFINITION Bus, specifically a city bus.

FORMALITY Neutral.

IN CONTEXT
A: ¿Cómo llego al centro?
B: Tomate el **colectivo** 60, te deja justo ahí.

SIMILAR TERMS Bondi, micro.

94. CORRETE *(koh-rreh-teh)*

DEFINITION Move out of the way.

FORMALITY Colloquial.

IN CONTEXT
A: ¡**Correte**, que no veo nada!
B: Uy, perdón, no me di cuenta.

SIMILAR TERMS Muévete, apártate.

95. COSO *(koh-soh)*

DEFINITION A vague term used when you can't remember or don't want to name something specifically.

FORMALITY Informal.

IN CONTEXT
A: ¿Dónde dejé el **coso** para abrir las botellas?
B: Está en la cocina, al lado del microondas.

SIMILAR TERMS Cosa, aparato.

96. DE QUERUZA *(deh keh-roo-sah)*

DEFINITION To do something secretly or discreetly.

FORMALITY Colloquial.

IN CONTEXT
A: Pasé **de queruza** al evento sin pagar.
B: ¡Qué arriesgado! ¿Y si te descubren?

SIMILAR TERMS En secreto, a escondidas.

EVERYDAY LIFE

97. FIERRO *(fee-eh-rroh)*

DEFINITION Slang for a gun.

FORMALITY Colloquial.

IN CONTEXT
A: Ese tipo siempre anda con un **fierro** encima.
B: Mejor no meterse con él.

SIMILAR TERMS Arma, pistola.

98. GUACHO/GUACHA *(wah-cho / wah-cha*

DEFINITION Used colloquially to refer to someone in a derogatory way or as a term of endearment, depending on context.

FORMALITY Colloquial.

IN CONTEXT
A: ¡Qué **guacho** que sos, no me avisaste nada!
B: Perdón, se me pasó.

SIMILAR TERMS Pibe/piba, chico/chica.

99. JETA *(heh-tah)*

DEFINITION Face or mouth, usually used disparagingly.

FORMALITY Informal.

IN CONTEXT
A: Cerrá la **jeta**, me estás cansando.
B: ¡Qué violento que sos!

SIMILAR TERMS Boca, cara.

EVERYDAY LIFE

100. JODA *(hoh-dah)*

DEFINITION A joke, or a party depending on the context.

FORMALITY Informal.

IN CONTEXT
A: ¿Venís a la **joda** de esta noche?
B: Sí, no me la pierdo por nada.

SIMILAR TERMS Fiesta, chiste.

101. LINYERA *(leen-yeh-rah)*

DEFINITION A homeless person.

FORMALITY Colloquial.

IN CONTEXT
A: Ese **linyera** siempre está en la calle pidiendo monedas.
B: Sí, lo veo todos los días.

SIMILAR TERMS Vagabundo, indigente.

102. ORTO *(ohr-toh)*

DEFINITION Vulgar term for butt or bad luck, depending on the context.

FORMALITY Colloquial.

IN CONTEXT
A: ¡Mueve el **orto**! Estamos apurados.
B: Ya voy, dame un minuto más.

SIMILAR TERMS Trasero, culo.

103. PEGAR UN TUBAZO
(peh-gahr oon too-bah-soh)

DEFINITION To make a phone call.

FORMALITY Informal.

IN CONTEXT
A: ¿Hablaste con Juan?
B: No, ahora le **pego un tubazo**.

SIMILAR TERMS Llamar, telefonear.

104. PIÑA *(pee-nyah)*

DEFINITION A punch.

FORMALITY Informal.

IN CONTEXT
A: Le dio una **piña** y lo dejó en el piso.
B: ¡Qué violento!

SIMILAR TERMS Golpe, trompada.

105. PITIDO *(pee-tee-doh)*

DEFINITION A beep or whistling sound.

FORMALITY Neutral.

IN CONTEXT
A: Escuché un **pitido** y pensé que era la alarma.
B: Era el microondas, no te preocupes.

SIMILAR TERMS Silbido, sonido.

EVERYDAY LIFE

106. POSTA *(poh-stah)*

DEFINITION Truth or something genuine.

FORMALITY Colloquial.

IN CONTEXT
A: ¿En serio ganaste? ¡Qué bueno!
B: Sí, **posta**, no lo puedo creer.

SIMILAR TERMS Verdad, realmente.

107. QUILOMBO *(kee-lohm-boh)*

DEFINITION A mess or chaotic situation.

FORMALITY Informal.

IN CONTEXT
A: ¡Qué **quilombo** que es esta ciudad en hora pico!
B: Sí, es imposible moverse.

SIMILAR TERMS Lío, desorden.

108. REMIS *(reh-mees)*

DEFINITION A type of private taxi service.

FORMALITY Neutral.

IN CONTEXT
A: ¿Cómo llegaste tan rápido?
B: Me tomé un **remis**, no había colectivos.

SIMILAR TERMS Taxi, auto.

109. ROMPER LAS BOLAS

(rom-pehr las boh-las)

DEFINITION To annoy or bother someone.

FORMALITY Colloquial.

IN CONTEXT
A: ¡Dejá de **romper las bolas**, estoy ocupado!
B: Bueno, ya me voy.

SIMILAR TERMS Molestar, fastidiar.

110. TIPO *(tee-poh)*

DEFINITION Guy or a general term for a person.

FORMALITY Informal.

IN CONTEXT
A: Ese **tipo** siempre llega tarde.
B: Sí, es un desastre con la puntualidad.

SIMILAR TERMS Hombre, persona.

111. UN PALO *(oon pah-loh)*

DEFINITION One million, often used to refer to money.

FORMALITY Informal.

IN CONTEXT
A: ¿Cuánto te salió ese auto?
B: Un palo, pero lo vale.

SIMILAR TERMS Un millón.

112. UNA GAMBA *(oo-nah gahm-bah)*

DEFINITION One hundred, often used to refer to money.

FORMALITY Colloquial.

IN CONTEXT
A: ¿Me prestás **una gamba** para el almuerzo?
B: Sí, te la devuelvo mañana.

SIMILAR TERMS Cien pesos, un billete.

113. UNA LUCA *(oo-nah loo-kah)*

DEFINITION One thousand, often used to refer to money.

FORMALITY Colloquial.

IN CONTEXT
A: Me salió **una luca** arreglar la moto.
B: Uf, qué caro.

SIMILAR TERMS Mil pesos.

114. YUTA *(yoo-tah)*

DEFINITION Slang for the police, similar to "cana."

FORMALITY Colloquial.

IN CONTEXT
A: ¡Cuidado, ahí viene la **yuta**!
B: Mejor nos vamos de acá.

SIMILAR TERMS Policía, cana.

SHORT STORY

Marcela y Leonardo son amigos desde hace años. Un sábado por la tarde, se encuentran en un café para charlar sobre la semana. Leonardo parece estar un poco nervioso y Marcela no tarda en notarlo.

Marcela: <u>Che</u>, Leo, ¿te pasa algo? Te veo medio preocupado.

Leonardo: No, no es nada, Marcela. Es que... tuve un <u>quilombo</u> en el laburo y no sé cómo resolverlo.

Marcela: ¡Uy, qué bajón! ¿Qué pasó?

Leonardo: Resulta que me <u>chorearon</u> la laptop con toda la información del proyecto. ¡Todo! No sé cómo voy a explicarlo en la reunión del lunes.

Marcela: ¡No me digas! Qué bronca, Leo. ¿Ya lo reportaste?

Leonardo: Sí, fui a la <u>cana</u>, pero ya sabés cómo son. Me dijeron que sin pruebas es difícil hacer algo. Estoy entre la espada y la pared.

Marcela: Es un bajón, pero bueno, hay que seguir adelante. ¿Y el proyecto? ¿Perdiste todo todo?

Leonardo: Por suerte, había hecho una copia en un pendrive. El tema es que ahora tengo que presentar algo nuevo para el lunes, y no sé si me va a dar el tiempo.

Marcela: Uf, estás en un lío. Mirá, ¿por qué no le <u>pegás un tubazo</u> a ese colega que siempre te da una mano? Quizás pueda ayudarte con algo.

Leonardo: Tenés razón, ahora le pego un tubazo a ver si puede pasarme los archivos que me faltan. Es un tipazo, siempre está dispuesto a ayudar.

Marcela: ¡Eso! Y si necesitás una mano con otra cosa, avisame, capaz que te sirvo de algo.

Leonardo: Gracias, Marce, sos una genia. Ojalá todos fueran así de buena onda. A veces me cruzo con cada chorro en la vida que uno no sabe en quién confiar.

Marcela: Ni lo digas, Leo. Pero bueno, no dejes que los chorros te bajoneen. Tenés que seguir para adelante, como siempre.

Leonardo: Es verdad, gracias por recordármelo. Bueno, voy a dejar de romperte las bolas con mis problemas y voy a hacer eso de pegarle un tubazo a mi colega. A ver si puedo resolver algo antes de que termine el día.

Marcela: Dale, Leo. Y después te invito una cerveza para que te relajes un poco. Acordate que todo pasa, y esto también va a pasar.

Leonardo: Tenés razón. ¡Gracias, Marce! Nos vemos más tarde, ¿sí?

Marcela: Nos vemos, Leo. ¡Ánimo!

Leonardo se despide con una sonrisa, sabiendo que puede contar con su amiga en los momentos difíciles.

QUESTIONS

¿Por qué estaba preocupado Leonardo?

a) Porque tenía una reunión el lunes
b) Porque perdió un proyecto importante
c) Porque le robaron su laptop
d) Porque no había hecho una copia de seguridad

¿Qué hizo Leonardo después de que le robaron la laptop?

a) Llamó a su colega para pedir ayuda
b) Fue a la policía a reportarlo
c) Se fue a tomar una cerveza
d) Pidió ayuda a Marcela

¿Qué sugirió Marcela a Leonardo para resolver su problema?

a) Que hiciera una copia de seguridad
b) Que se relajara y olvidara el tema
c) Que llamara a un colega para que lo ayudara
d) Que fuera a la reunión sin el proyecto

¿Cómo describió Marcela a sí misma en la conversación?

a) Como una persona muy organizada
b) Como una persona cachivachera
c) Como alguien que no puede ayudar
d) Como una tipa muy ocupada

¿Qué prometió Marcela al final de la conversación?

a) Ayudarlo con el proyecto
b) Hablar con la policía
c) Invitarlo a una cerveza para que se relaje
d) Hacerle compañía hasta que resolviera el problema

RELATIONSHIPS

RELATIONSHIPS

115. APAPACHAR *(ah-pah-pah-chahr)*

DEFINITION To cuddle or pamper someone with affection.

FORMALITY Informal.

IN CONTEXT
A: ¡Qué frío está haciendo!
B: Vení, te voy a **apapachar** un rato.

SIMILAR TERMS Mimar, abrazar.

116. BAGARTO *(bah-gahr-toh)*

DEFINITION A derogatory term used to refer to someone considered unattractive or unpleasant.

FORMALITY Colloquial.

IN CONTEXT
A: Che, ¿qué tal la chica con la que saliste anoche?
B: No, era un **bagarto**, mejor no te cuento.

SIMILAR TERMS Feo/a, desagradable.

117. CAMARÓN *(kah-mah-rohn)*

DEFINITION Someone who looks attractive from behind but not from the front.

FORMALITY Informal.

IN CONTEXT
A: ¿Viste a esa chica? ¡Qué buena está de espaldas!
B: Sí, pero es un **camarón**.

SIMILAR TERMS Espejito, decepción.

RELATIONSHIPS

118. CHAMUYAR *(chah-moo-yahr)*

DEFINITION To sweet-talk or flirt, often with insincere compliments.

FORMALITY Informal.

IN CONTEXT
A: ¿Cómo hiciste para que te diera su número?
B: Chamuyé un poco, nada más.

SIMILAR TERMS Coquetear, hablar bonito.

119. CHAMUYO *(chah-moo-yoh*

DEFINITION The act of sweet-talking or the insincere speech used to persuade someone.

FORMALITY Colloquial.

IN CONTEXT
A: Ese tipo tiene buen **chamuyo**, seguro lo consigue.
B: Sí, pero no le creo nada.

SIMILAR TERMS Verso, palabrerío.

120. CHANTA *(chahn-tah)*

DEFINITION A dishonest or untrustworthy person, often someone who avoids work or responsibilities.

FORMALITY Informal.

IN CONTEXT
A: No confíes en ese tipo, es un **chanta.**
B: ¡Qué lástima! Parecía buena persona.

SIMILAR TERMS Tramposo, vago.

RELATIONSHIPS

121. CHAPAR *(chah-pahr)*

DEFINITION To kiss someone passionately, usually in a romantic context.

FORMALITY Colloquial.

IN CONTEXT
A: ¿Cómo estuvo la fiesta anoche?
B: Estuvo buena, terminé **chapando** con alguien.

SIMILAR TERMS Besar, morrear.

122. CHONGO *(chohn-goh)*

DEFINITION A casual romantic partner, often with a sexual relationship but no formal commitment.

FORMALITY Colloquial.

IN CONTEXT
A: ¿Y ese chico? ¿Es tu novio?
B: No, es solo un **chongo.**

SIMILAR TERMS Amigo/a con derechos, touch and go.

123. CHURRO *(choo-rroh)*

DEFINITION Someone physically attractive; "churro" for men and "churra" for women.

FORMALITY Colloquial.

IN CONTEXT
A: ¿Quién es ese **churro** que está en la barra?
B: No sé, pero está buenísimo.

SIMILAR TERMS Lindo/a, guapo/a.

RELATIONSHIPS

124. COGER *(koh-hehr)*

DEFINITION To have sex. (Note: This term is very vulgar in Argentina.)

FORMALITY Colloquial.

IN CONTEXT
A: Anoche me quedé en casa de mi novio.
B: ¡Ah, seguro **cogieron**!

SIMILAR TERMS Tener sexo, acostarse.

125. CORTAR *(kor-tahr)*

DEFINITION To break up a relationship.

FORMALITY Neutral.

IN CONTEXT
A: Escuché que **cortaste** con Juan.
B: Sí, no funcionaba más.

SIMILAR TERMS Terminar, romper.

126. ENCULADO *(ehn-koo-lah-doh)*

DEFINITION To be very angry or upset about something.

FORMALITY Colloquial.

IN CONTEXT
A: ¿Por qué estás tan **enculado**?
B: Mi novio me hizo una gauchada, por eso.

SIMILAR TERMS Enojado, furioso.

RELATIONSHIPS

127. ESTAR DE TRAMPA
(ehs-tahr deh trahm-pah)

DEFINITION To be cheating on a partner, or to be in a relationship outside of one's primary relationship.

FORMALITY Colloquial.

IN CONTEXT
A: ¿Viste a Marta con ese tipo?
B: Sí, parece que **está de trampa.**

SIMILAR TERMS Ser infiel, estar en falta.

128. FINOLI *(fee-noh-lee)*

DEFINITION Someone or something that is overly refined or pretentious.

FORMALITY Informal.

IN CONTEXT
A: No te pongas tan **finoli**, comé con las manos.
B: ¡Ay, qué ordinario sos!

SIMILAR TERMS Elegante, snob.

129. FRANELEAR *(frah-neh-leh-ahr)*

DEFINITION To engage in heavy petting or making out.

FORMALITY Colloquial.

IN CONTEXT
A: Anoche en el boliche vi a dos **franeleando.**
B: ¡Qué descaro! ¿Quiénes eran?

SIMILAR TERMS Toquetear, manosear.

130. GARCAR *(gahr-kahr)*

DEFINITION To betray or cheat someone.

FORMALITY Colloquial.

IN CONTEXT **A:** Me **garcó** con el negocio, perdí mucha plata.
B: ¡Qué mala onda!

SIMILAR TERMS Estafar, engañar.

131. GAUCHADA *(gow-chah-dah)*

DEFINITION A favor or good deed done without expecting anything in return.

FORMALITY Neutral.

IN CONTEXT **A:** Gracias por la **gauchada**, me salvaste.
B: No hay de qué, para eso estamos.

SIMILAR TERMS Favor, ayuda.

132. GORREAR *(gohr-reh-ahr)*

DEFINITION To cheat on someone, to be unfaithful.

FORMALITY Colloquial.

IN CONTEXT **A:** Me enteré de que me **gorrió** con otro.
B: No te lo puedo creer, qué mal.

SIMILAR TERMS Engañar, traicionar.

RELATIONSHIPS

133. HACEME LA SEGUNDA

(ah-seh-meh lah seh-goon-dah)

DEFINITION To support or back someone up, often in a situation where the person needs help or an alibi.

FORMALITY Informal.

IN CONTEXT
A: Che, necesito que me **hagas la segunda** con mis viejos.
B: Dale, contá conmigo.

SIMILAR TERMS Bancar, apoyar.

134. HASTA LAS MANOS *(ahs-tah las mah-nos)*

DEFINITION To be deeply involved in something, often in a problematic or committed situation.

FORMALITY Informal.

IN CONTEXT
A: ¿Cómo va con el trabajo?
B: Estoy **hasta las manos**, no paro de laburar.

SIMILAR TERMS Hasta el cuello, complicado.

135. MINA *(mee-nah)*

DEFINITION A woman or girl. (Note: It can sometimes be used in a derogatory way depending on the context.)

FORMALITY Colloquial.

IN CONTEXT
A: ¿Quién es esa **mina** que está con vos?
B: Es una amiga del trabajo.

SIMILAR TERMS Chica, mujer.

RELATIONSHIPS

136. PINTA *(peen-tah)*

DEFINITION Appearance, particularly referring to someone's overall look or style.

FORMALITY Neutral.

IN CONTEXT **A:** Tiene una **pinta** increíble con ese traje.
B: Sí, siempre se viste bien.

SIMILAR TERMS Aspecto, imagen.

137. TENERLA CLARA *(teh-nehr-lah klah-rah)*

DEFINITION To have a clear understanding of something, to be very knowledgeable.

FORMALITY Informal.

IN CONTEXT **A:** ¿Cómo sabés tanto de tecnología?
B: Es que la **tengo clara** en ese tema.

SIMILAR TERMS Saber mucho, ser experto.

138. TIRAR LOS GALGOS *(tee-rahr lohs gahl-gohs)*

DEFINITION To flirt with someone, often with the intention of starting a romantic or sexual relationship.

FORMALITY Colloquial.

IN CONTEXT **A:** ¡Mirá cómo le **tira los galgos** a la mina!
B: Se nota que le gusta, ¿no?

SIMILAR TERMS Chamuyar, coquetear.

RELATIONSHIPS

139. TIRAR ONDA *(tee-rahr ohn-dah)*

DEFINITION To show interest in someone, often subtly hinting at romantic intentions.

FORMALITY Informal.

IN CONTEXT **A:** Creo que Juan me está **tirando onda.**
B: ¿En serio? ¿Y vos qué pensás hacer?

SIMILAR TERMS Insinuar, coquetear.

SHORT STORY

Santiago y María son amigos de toda la vida que solían verse seguido, pero por cuestiones de trabajo y estudios, habían perdido contacto. Un día, deciden reencontrarse para ponerse al día y charlar sobre lo que ha pasado en sus vidas. Se encuentran en un café de Palermo y la conversación fluye entre risas y recuerdos.

Santiago: ¡María! ¡No puedo creer que estés acá! ¡Cuánto tiempo sin verte!

María: ¡Santi! ¡Vos tampoco sabés cuánto te extrañé! Estás igual, pero con más pinta que antes. ¿Qué andás haciendo?

Santiago: ¡Gracias! Aunque la verdad, últimamente estoy hasta las manos con el trabajo. Ni tiempo para pensar tengo. Entre reuniones y entregas, no paro un segundo.

María: ¡Uy, me imagino! El mundo laboral es una locura. Yo también estoy a full con la universidad, pero bueno, así es la vida. ¿Te acordás de la mina con la que salías cuando nos vimos la última vez? ¿Cómo fue eso?

Santiago: ¡Uff, mejor ni me hables de ella! Resultó ser tremendo bagarto, y encima chanta. Siempre se hacía la finoli, pero la verdad es que me terminó garcando mal. La relación no daba para más, así que terminé cortando con ella. Fue lo mejor que pude hacer.

María: ¡Qué feo eso! Pero al menos te diste cuenta a tiempo. A veces uno se topa con cada personaje... ¿Y ahora? ¿Volviste al ruedo o preferiste tomarte un descanso?

Santiago: Y... digamos que ando con un par de chongos por ahí, pero nada serio. No quiero complicarme la vida, así que mantengo todo en un plan más relajado.

María: Jaja, ¡qué pillo que sos! Yo, en cambio, estoy saliendo con alguien nuevo. Es un churro total, pero bueno, no quiero apurar las cosas, estamos yendo despacio.

Santiago: ¡Me alegra un montón escuchar eso, María! Solo espero que no te salga un chanta como la mía. Cuidate que no te gorree, ¿eh?

María: ¡Ja, ja! No te preocupes, ya aprendí a no confiar tan fácil. La tengo bastante clara en estos temas. Pero contame, ¿qué onda? ¿Estás tirando onda con alguien en particular o seguís disfrutando de la soltería?

Santiago: ¡Nah! De vez en cuando tiro los galgos, pero más para divertirme que otra cosa. No estoy buscando nada serio por ahora, estoy bien así, disfrutando de la vida sin compromisos.

María: ¡Genial! Me parece bárbaro que estés bien con vos mismo. A veces, es mejor tomarse el tiempo y no apurarse con nadie. Bueno, ¡brindemos por eso y por los viejos tiempos!

Santiago: ¡Salud, María! Que la vida nos siga regalando momentos como este. ¡Qué bueno es verte de nuevo!

QUESTIONS

¿Por qué Santiago dice que está "hasta las manos"?

a) Porque está muy ocupado con el trabajo
b) Porque tiene muchas citas
c) Porque está estudiando
d) Porque está viajando mucho

¿Qué pasó con la relación anterior de Santiago?

a) La chica lo dejó por otra persona
b) Santiago decidió cortar porque la chica era un "bagarto" y "chanta"
c) Santiago sigue en la relación
d) Terminaron porque la chica se mudó a otra ciudad

¿Cómo describe María al hombre con el que está saliendo ahora?

a) Como un chongo sin compromiso
b) Como un churro muy atractivo
c) Como un tipo chanta
d) Como alguien que le tiró onda

¿Qué consejo le da Santiago a María sobre su nueva relación?

a) Que lo corte antes de que sea tarde
b) Que lo invite a salir más seguido
c) Que tenga cuidado de que no la "gorree"
d) Que se case con él si es un buen partido

¿Cuál es la actitud de Santiago hacia las relaciones románticas en este momento?

a) Está buscando una relación seria
b) Prefiere estar soltero y sin compromisos
c) Está enamorado de alguien
d) Está confundido sobre lo que quiere

SHOPPING
SUPERMARKET

SHOPPING / SUPERMARKET

140. BAQUETEADO *(bah-keh-teh-ah-doh)*

DEFINITION Refers to something or someone that is worn out, battered, or in poor condition due to excessive use.

FORMALITY Informal.

IN CONTEXT **A:** Che, ¿qué le pasó a tu sillón?
B: Está todo **baqueteado**, lo tengo hace años.

SIMILAR TERMS Gastado, deteriorado, hecho polvo.

141. CANCHA *(kahn-chah)*

DEFINITION A space or field designated for sports like soccer or tennis. Also used colloquially to refer to experience or skill.

FORMALITY Neutral.

IN CONTEXT **A:** ¿Jugamos un partido de fútbol?
B: Dale, ya reservé la **cancha.**

SIMILAR TERMS Campo, terreno, experiencia.

142. CANJE *(kahn-heh)*

DEFINITION The exchange of goods or services without using money. It is also used to refer to redeeming points or promotions.

FORMALITY Neutral.

IN CONTEXT **A:** Tengo varios puntos acumulados.
B: Podés hacer un **canje** por algún premio.

SIMILAR TERMS Trueque, intercambio

SHOPPING / SUPERMARKET

143. CHANGUITO *(chan-gee-toh)*

DEFINITION Shopping cart used in supermarkets. It can also affectionately refer to a small child.

FORMALITY Neutral.

IN CONTEXT **A:** No te olvides el **changuito** para hacer las compras.
B: Claro, ya lo tengo en el auto.

SIMILAR TERMS Carrito, carrito de compras.

144. CHOMBA *(chohm-bah)*

DEFINITION A polo shirt or short-sleeved shirt with a collar, usually with buttons.

FORMALITY Neutral.

IN CONTEXT **A:** ¿Qué me pongo para la fiesta?
B: Una **chomba** está bien, es algo informal pero hace frío.

SIMILAR TERMS Polo, camiseta.

145. CHOTO *(choh-toh)*

DEFINITION Used to describe something of poor quality or that is ugly. It can also refer to a person who behaves badly.

FORMALITY Coloquial

IN CONTEXT **A:** ¿Qué tal estuvo la peli?
B: La verdad, **chota**. No la recomiendo.

SIMILAR TERMS Feo, malo, ordinario

SHOPPING / SUPERMARKET

146. ES UN CAÑO *(es oon kah-nyoh)*

DEFINITION An expression meaning that something or someone is very good, attractive, or impressive.

FORMALITY Coloquial.

IN CONTEXT
A: ¿Viste el auto nuevo de Juan?
B: Sí, **¡es un caño!**

SIMILAR TERMS Impresionante, espectacular.

147. MANGO *(mahn-goh)*

DEFINITION In Argentina, used to refer to money, especially pesos.

FORMALITY Coloquial.

IN CONTEXT
A: ¿Cuánto te costó?
B: Me salió dos mil **mangos.**

SIMILAR TERMS Peso, plata, guita

148. MATE *(mah-teh)*

DEFINITION Traditional Argentine drink made from yerba mate, consumed from a gourd with a metal straw.

FORMALITY Neutral.

IN CONTEXT
A: ¿Te cebás un **mate**?
B: Dale, yo preparo la yerba.

SIMILAR TERMS Infusión, bebida.

SHOPPING / SUPERMARKET

149. MERCA *(mehr-kah)*

DEFINITION Colloquial and vulgar term for drugs, especially cocaine.

FORMALITY Coloquial.

IN CONTEXT **A:** Escuché que lo agarraron con **merca.**
B: Sí, es un problema grave.

SIMILAR TERMS Droga, cocaína

150. PILCHA *(peel-chah)*

DEFINITION Clothes or clothing. Often used in the plural form, "pilchas," to refer to garments.

FORMALITY Coloquial.

IN CONTEXT **A:** ¿Dónde compraste esas **pilchas**?
B: En el shopping, estaban de oferta.

SIMILAR TERMS Ropa, vestimenta

151. PUCHO *(poo-choh)*

DEFINITION Cigarette. It can also refer to the butt of a cigarette.

FORMALITY Coloquial.

IN CONTEXT **A:** ¿Me das un **pucho**?
B: Claro, acá tenés.

SIMILAR TERMS Cigarro, cigarrillo

SHOPPING / SUPERMARKET

152. REBAJA *(reh-bah-hah)*

DEFINITION	A discount on the price of a product or service.
FORMALITY	Neutral.
IN CONTEXT	**A:** Aproveché la **rebaja** y compré dos pares de zapatillas. **B:** ¡Qué bien! Siempre es bueno ahorrar.
SIMILAR TERMS	Descuento, oferta.

153. REMERA *(reh-meh-rah)*

DEFINITION	Short-sleeved t-shirt, usually made of cotton.
FORMALITY	Neutral.
IN CONTEXT	**A:** Hace calor hoy, ¿no? **B:** Sí, mejor me pongo una **remera**.
SIMILAR TERMS	Camiseta, playera

154. TRUCHO *(troo-choh)*

DEFINITION	Refers to something fake or of poor quality, that is not original or genuine.
FORMALITY	Colloquial.
IN CONTEXT	**A:** ¿Te fijaste si el reloj es original? **B:** No, es **trucho**, lo compré en la calle.
SIMILAR TERMS	Falso, pirata, copia

SHORT STORY

Marisol y Danna son amigas de la infancia. Se encuentran en un centro comercial después de no haberse visto en un tiempo. Deciden hacer algunas compras y ponerse al día mientras recorren las tiendas.

Marisol: ¡Danna! ¡Qué sorpresa verte por acá! ¿Cómo estás?

Danna: ¡Marisol! ¡Tanto tiempo! Estoy bien, ¿y vos?

Marisol: Bien, bien. Vine a comprar algunas pilchas. ¿Tú?

Danna: Yo también vine de compras. Aprovechando las rebajas. ¡Mirá estas remeras! Están a buen precio.

Marisol: ¡Están buenísimas! ¿Te vas a llevar alguna?

Danna: Creo que sí, aunque siempre termino comprando más de lo que necesito. ¡Ja! Y vos, ¿qué andás buscando?

Marisol: Necesito una chomba para el trabajo, algo que se vea bien pero que no sea demasiado formal. ¿Te acordás de mi vieja chomba azul?

Danna: ¡Obvio! Esa chomba ya estaba medio baqueteada la última vez que la vi.

Marisol: ¡Sí! Justo por eso la tengo que cambiar.

Danna: Bueno, en esta tienda seguro encontrás algo que te guste. Tienen de todo y a buen precio.

Marisol: Mirá, ¿qué te parece esta chomba gris?

Danna: Está linda, tiene buen corte. ¿Y el precio?

Marisol: No está mal. Sale mil quinientos mangos. Me la llevo.

Danna: Hacés bien. Mejor invertir en algo que te va a durar. ¿Y en qué andás ahora? ¿Seguís en el mismo laburo?

Marisol: Sí, pero estoy buscando algo nuevo. Ya sabés cómo es, uno se cansa después de tanto tiempo en el mismo lugar.

Danna: Te entiendo. Yo también estoy pensando en cambiar. A veces el ambiente se vuelve medio choto, ¿no?

Marisol: Totalmente. Y ni hablar de algunos compañeros que te hacen la vida imposible.

Danna: Es cierto. Cambiando de tema, ¿probaste alguna vez comprar cosas por internet?

Marisol: Sí, pero hay que tener cuidado. El otro día compré un reloj que terminó siendo trucho. Me di cuenta cuando se le cayó la pintura después de una semana.

Danna: ¡Qué bajón! Yo trato de ir a tiendas de confianza por eso mismo. No me gusta andar haciendo canje después, es un lío.

Marisol: Sí, mejor evitarse esos problemas. Ah, casi me olvido, ¿te cebás un mate después de las compras?

Danna: ¡De una! Pero antes, ¿pasamos por la perfumería? Necesito un pucho y tengo ganas de cambiar de perfume.

Marisol: Dale, vamos. Yo también quiero ver si hay algo interesante. Después nos sentamos a charlar con unos mates.

Danna: Perfecto. ¡Vamos antes que se nos haga tarde!

QUESTIONS

¿Dónde se encuentran Marisol y Danna después de no haberse visto en un tiempo?

a) En la casa de Danna
b) En un parque
c) En un centro comercial
d) En la oficina de Marisol

¿Qué está buscando Marisol en las tiendas?

a) Un perfume
b) Una remera
c) Un reloj
d) Una chomba

¿Por qué Marisol quiere cambiar su chomba azul?

a) Porque ya está muy usada y desgastada
b) Porque no le gusta el color
c) Porque la perdió
d) Porque no le queda bien

¿Qué problema tuvo Marisol con una compra por internet?

a) El producto nunca llegó
b) El reloj que compró resultó ser falso
c) Le cobraron de más
d) No sabía cómo hacer el canje

¿Qué van a hacer Marisol y Danna después de terminar sus compras?

a) Ir a cenar
b) Tomar unos mates
c) Ver una película
d) Ir a un concierto

WITH FAMILY

WITH FAMILY

155. CANCHERO *(cahn-cheh-roh)*

DEFINITION A person who acts confidently, sometimes overly so, or with an attitude of superiority.

FORMALITY Colloquial.

IN CONTEXT
A: ¿Viste cómo habló Juan en la reunión?
B: Sí, estaba re **canchero**, como si supiera todo.

SIMILAR TERMS Creído, soberbio.

156. CHANGUITO/A *(chahn-gee-toh/tah)*

DEFINITION Refers to a shopping cart, but in some regions of Argentina, it can also mean a small child.

FORMALITY Informal.

IN CONTEXT
A: No te olvides de llevar al **changuito** al colegio.
B: ¡Uy! Casi me olvido.

SIMILAR TERMS Carrito, nene.

157. CHIQUILÍN/CHIQUILINA *(chee-kee-leen / chee-kee-lee-nah)*

DEFINITION An affectionate term for a young boy or girl.

FORMALITY Informal.

IN CONTEXT
A: ¡Qué lindo **chiquilín**! ¿Cuántos años tiene?
B: Tiene tres, y es un torbellino.

SIMILAR TERMS Nene, chico.

158. COLIFA *(koh-lee-fah)*

DEFINITION A person who is a bit crazy or acts in a wild, irrational manner.

FORMALITY Colloquial.

IN CONTEXT **A:** ¿Viste lo que hizo Fabián?
B: Sí, está **colifa**, ¡se le va la mano!

SIMILAR TERMS Loco, chiflado.

159. CUCHO *(koo-choh)*

DEFINITION A small, messy place, usually where someone sleeps.

FORMALITY Colloquial.

IN CONTEXT **A:** ¿Dónde te quedaste anoche?
B: En el **cucho** de un amigo, no cabíamos todos.

SIMILAR TERMS Cucha, guarida.

160. DAR BOLA *(dar boh-lah)*

DEFINITION To pay attention to someone, to listen to or show interest.

FORMALITY Colloquial.

IN CONTEXT **A:** Le hablé toda la noche, pero no me **dio bola.**
B: Qué mala onda, che.

SIMILAR TERMS Prestar atención, hacer caso.

WITH FAMILY

161. FIACA *(fee-ah-kah)*

DEFINITION Laziness or reluctance to do something.

FORMALITY Colloquial.

IN CONTEXT **A:** ¿Vas a salir hoy?
B: No, me da mucha **fiaca**, prefiero quedarme en casa.

SIMILAR TERMS Pereza, vagancia.

162. GURÍ/GURISA *(goo-ree / goo-ree-sah)*

DEFINITION Boy or girl, especially used in northeastern Argentina.

FORMALITY Informal.

IN CONTEXT **A:** ¿Cómo están los **gurises**?
B: Re bien, jugando afuera.

SIMILAR TERMS Niño, chiquilín.

163. LARGARSE A LLORAR *(lahr-gar-seh ah yoh-rahr)*

DEFINITION To start crying suddenly and intensely.

FORMALITY Neutral.

IN CONTEXT **A:** ¿Qué le pasó a la nena?
B: Se cayó y se **largó a llorar**.

SIMILAR TERMS Ponerse a llorar, empezar a llorar.

WITH FAMILY

164. MANDAR FRUTA *(mahn-dar froo-tah)*

DEFINITION	To talk nonsense or lies without making sense.
FORMALITY	Colloquial.
IN CONTEXT	**A:** No entiendo lo que dijo. **B:** No le hagas caso, está **mandando fruta.**
SIMILAR TERMS	Hablar pavadas, decir tonterías.

165. MANDUCARSE *(mahn-doo-car-seh)*

DEFINITION	To eat something, usually with eagerness or greed.
FORMALITY	Colloquial.
IN CONTEXT	**A:** ¿Qué pasó con la pizza? **B:** ¡Te la **manducaste** toda vos!
SIMILAR TERMS	Comerse, devorar.

166. MANSO/A *(mahn-soh / sah)*

DEFINITION	Used to describe something calm, relaxed, or a person who is docile.
FORMALITY	Informal.
IN CONTEXT	**A:** ¿Cómo estuvo la fiesta? **B: Mansa**, nada del otro mundo.
SIMILAR TERMS	Tranquilo, calmado.

WITH FAMILY

167. MATEAR *(mah-teh-ar)*

DEFINITION The action of drinking mate, a traditional infusion in Argentina.

FORMALITY Neutral.

IN CONTEXT **A:** ¿Qué estás haciendo?
B: Acá, **mateando** con unos amigos.

SIMILAR TERMS Tomar mate, cebar mate.

168. ÑATO *(nyah-toh)*

DEFINITION A person with a flat nose, or more broadly, used affectionately to refer to someone.

FORMALITY Informal.

IN CONTEXT **A:** ¿Qué hace el **Ñato**?
B: Ahí anda, como siempre.

SIMILAR TERMS Chato, narigón.

169. PACHORRA *(pah-choh-rah)*

DEFINITION Laziness, slowness in doing something, lack of motivation.

FORMALITY Colloquial.

IN CONTEXT **A:** ¿Por qué no llegaste a tiempo?
B: Tenía **pachorra**, no me quería levantar.

SIMILAR TERMS Fiaca, flojera.

170. PIBE CHORIZO

(pee-beh choh-ree-soh)

DEFINITION A derogatory term for a young thief.

FORMALITY Informal.

IN CONTEXT
A: Me robaron el celular.
B: Seguro fue algún **pibe chorizo**.

SIMILAR TERMS Ratero, punga.

171. VIEJITO/A *(vyeh-hee-toh / tah)*

DEFINITION An affectionate term for an elderly person.

FORMALITY Informal.

IN CONTEXT
A: ¿Cómo está el **viejito**?
B: Bien, ahí viendo la tele.

SIMILAR TERMS Abuelito, anciano.

SHORT STORY

Lautaro y Jazmín están pasando la tarde en el parque, disfrutando del día mientras conversan sobre la semana. Ambos son amigos desde la infancia, y suelen encontrarse para tomar mate y charlar sobre sus vidas.

Lautaro: ¡Hola, Jaz! ¿Cómo estás?

Jazmín: ¡Lauti! Todo bien, ¿y vos?

Lautaro: Bien, pero hoy me dio una fiaca terrible levantarme. Casi no salgo de casa.

Jazmín: ¿En serio? Yo también. Estuve a punto de quedarme mateando en el cucho, pero al final decidí venir.

Lautaro: Menos mal que viniste, así no estoy solo. ¡Traje el mate!

Jazmín: ¡Qué bueno! Sabés que siempre estoy lista para matear. ¿Viste que el gurí del vecino se largó a llorar esta mañana?

Lautaro: ¿El gurí? No, ¿qué pasó?

Jazmín: Se cayó de la bicicleta. No fue nada grave, pero pobre, se asustó mucho. ¡El pobre chiquilín terminó mandándose un golpazo!

Lautaro: ¡Pobre pibe! A veces parece que los gurises están hechos de goma, se golpean y al rato ya están bien.

Jazmín: Sí, los chicos son así. Bueno, ¿y qué más hiciste esta semana?

Lautaro: Nada del otro mundo. Fui al laburo, pero está todo manso. Además, vi a un par de amigos, pero nada emocionante. ¿Vos?

Jazmín: Lo mismo, tranqui. Aunque ayer fui al super y casi me olvido de llevar el changuito. ¡Hubiera sido un lío cargar todo en la mano!

Lautaro: Eso te pasa por estar en la luna, Jaz. ¡Menos mal que lo recordaste a tiempo!

Jazmín: Sí, fue un momento colifa, ja. Pero por suerte no me olvidé.

Lautaro: Bueno, menos mal. Che, ¿sabés qué? El otro día fui al parque y vi a un pibe chorizo robando una bici.

Jazmín: ¿En serio? Qué mal. Hay que tener cuidado, Lauti. Esos chicos son capaces de cualquier cosa.

Lautaro: Sí, fue una situación rara. Por suerte, la policía apareció rápido.

Jazmín: Me alegra que no haya pasado a mayores. Bueno, dejemos de hablar de cosas malas. ¿Pasamos por la feria después?

Lautaro: Dale, me gusta la idea. Podemos comprar algo para manducarnos más tarde.

Jazmín: ¡Perfecto! ¡Vamos!

QUESTIONS

¿Por qué casi no sale de casa Lautaro?

a) Porque estaba ocupado
b) Porque tenía fiaca
c) Porque estaba enfermo
d) Porque olvidó el mate

¿Qué estaba haciendo Jazmín cuando decidió ir al parque?

a) Estaba trabajando
b) Estaba viendo una película
c) Estaba mateando en el cucho
d) Estaba en el supermercado

¿Por qué se largó a llorar el gurí del vecino?

a) Porque se perdió en el parque
b) Porque se cayó de la bicicleta
c) Porque peleó con su hermano
d) Porque no quería ir al colegio

¿Qué casi olvida llevar Jazmín al supermercado?

a) La lista de compras
b) Su billetera
c) El changuito
d) Su celular

¿Qué vio Lautaro en el parque?

a) Un perro corriendo
b) Un pibe chorizo robando una bici
c) Un grupo de niños jugando
d) Un puesto de helados

WITH FRIENDS

WITH FRIENDS

172. ABACANADO *(ah-bah-kah-nah-doh)*

DEFINITION Someone who is well-off or pretends to be wealthy, often acting snobbish or superior.

FORMALITY Informal.

IN CONTEXT **A:** ¡Mirá a Juan con ese auto nuevo!
B: Sí, está **abacanado** últimamente.

SIMILAR TERMS Cheto, agrandado, presumido.

173. AGUANTAME UN CACHO *(ah-goo-ahn-tah-meh oon kah-choh)*

DEFINITION Wait for a moment or hold on for a little bit.

FORMALITY Informal.

IN CONTEXT **A:** ¿Te vas ya?
B: Aguantame un cacho, que estoy terminando algo.

SIMILAR TERMS Bancame un minuto, pará un segundo.

174. BANCAR *(ban-kar)*

DEFINITION To support, to endure, or to wait. It can also mean "to put up with."

FORMALITY Neutral.

IN CONTEXT **A:** No sé si puedo **bancar** otro día de trabajo.
B: Tranquilo, ya se viene el fin de semana.

SIMILAR TERMS Soportar, aguantar, esperar.

WITH FRIENDS

175. BOLICHE *(boh-lee-cheh)*

DEFINITION Nightclub or a place where people go dancing.

FORMALITY Neutral.

IN CONTEXT
A: ¿Salimos al **boliche** el sábado?
B: Dale, ¡hace mucho que no salimos!

SIMILAR TERMS Discoteca, club, antro.

176. BOLUDO *(boh-loo-doh)*

DEFINITION Can be used to refer to someone as a fool or idiot, but also as a term of endearment among friends.

FORMALITY Colloquial.

IN CONTEXT
A: ¿No trajiste el cargador?
B: Uy, me olvidé, soy un **boludo**.

SIMILAR TERMS Tonto, gil, pelotudo.

177. CARETA *(kah-reh-tah)*

DEFINITION Someone who is fake or pretentious.

FORMALITY Informal.

IN CONTEXT
A: ¿Viste cómo se hace el simpático con todos?
B: Sí, es un **careta.**

SIMILAR TERMS Falso, hipócrita, chamuyero.

178. CHABÓN *(chah-bohn)*

DEFINITION Guy or dude; can also be used to refer to someone in a neutral way.

FORMALITY Colloquial.

IN CONTEXT
A: ¿Quién es ese **chabón**?
B: Es un amigo de la facu.

SIMILAR TERMS Tipo, pibe, sujeto.

179. CHETO/A *(cheh-toh / tah)*

DEFINITION A person who is wealthy, snobbish, or acts in a posh manner.

FORMALITY Informal.

IN CONTEXT
A: No sé si me gusta este lugar, es medio **cheto**.
B: Sí, es un poco caro.

SIMILAR TERMS Fifi, abacanado, pituco.

180. CHUPAR *(choo-pahr)*

DEFINITION To drink alcohol.

FORMALITY Informal.

IN CONTEXT
A: ¿Qué hiciste el sábado?
B: Fui a **chupar** con los amigos.

SIMILAR TERMS Beber, escabiar, tomar.

WITH FRIENDS

181. COLGUÉ (*kohl-geh*)

DEFINITION I got distracted or forgot something.

FORMALITY Colloquial.

IN CONTEXT
A: ¿Trajiste las entradas?
B: ¡Uy, **colgué**! Me las olvidé en casa.

SIMILAR TERMS Me distraje, me olvidé, me colgué.

182. COPADO/A (*koh-pah-doh / dah*)

DEFINITION Cool, awesome, or something/someone that is fun and enjoyable.

FORMALITY Informal.

IN CONTEXT
A: ¿Cómo estuvo la fiesta?
B: ¡Re **copada**! Me divertí mucho.

SIMILAR TERMS Genial, piola, bárbaro.

183. DE ATIRO (*deh ah-tee-roh*)

DEFINITION Right away, without hesitation.

FORMALITY Informal.

IN CONTEXT
A: ¿Te animás a salir ahora?
B: ¡**De atiro**, vamos ya!

SIMILAR TERMS De una, enseguida, al toque.

WITH FRIENDS

184. DESPELOTE *(dehs-peh-loh-teh)*

DEFINITION	A mess, chaos, or a big problem.
FORMALITY	Colloquial.
IN CONTEXT	**A:** ¿Cómo estuvo la reunión? **B:** Un **despelote**, nadie se ponía de acuerdo.
SIMILAR TERMS	Lío, quilombo, desorden.

185. ECHAR RELAJO *(eh-chahr reh-lah-ho)*

DEFINITION	To cause a commotion or to have fun in a loud, carefree way.
FORMALITY	Colloquial.
IN CONTEXT	**A:** Estaban **echando relajo** en la fiesta, ¿no? **B:** Sí, no paraban de reírse.
SIMILAR TERMS	Hacer lío, armar quilombo, divertirse.

186. ESTÁ AL PALO *(eh-stah ahl pah-loh)*

DEFINITION	To be very excited, energetic, or sometimes anxious.
FORMALITY	Informal.
IN CONTEXT	**A:** ¿Qué pasa? **B: Estoy al palo**, tengo una entrevista importante.
SIMILAR TERMS	Estar a mil, estar acelerado, estar nervioso.

WITH FRIENDS

187. FASO (*fah-soh*)

DEFINITION Slang for a cigarette, often referring to marijuana.

FORMALITY Colloquial.

IN CONTEXT
A: ¿Tenés un **faso**?
B: No, se me acabaron.

SIMILAR TERMS Porro, cigarrillo, pucho.

188. FLASHEAR (*flah-sheh-ar*)

DEFINITION To imagine things, daydream, or think something that's not real.

FORMALITY Colloquial.

IN CONTEXT
A: Pensé que me habías llamado, pero creo que **flasheé.**
B: Sí, no dije nada.

SIMILAR TERMS Imaginarse, delirar, pensar cosas raras.

189. GALLINA (*gah-yee-nah*)

DEFINITION Coward or someone who is afraid.

FORMALITY Informal.

IN CONTEXT
A: No me animé a tirarme del avión.
B: ¡Sos una **gallina**!

SIMILAR TERMS Cobarde, miedoso, cagón.

190. ME LAS PICO *(meh las pee-koh)*

DEFINITION	I'm leaving quickly, escaping.
FORMALITY	Colloquial.
IN CONTEXT	**A:** Se está poniendo feo, mejor **me las pico.** **B:** Sí, yo también.
SIMILAR TERMS	Me voy, me rajo, salgo corriendo.

191. NASO *(nah-soh)*

DEFINITION	Nose, often used to refer to a big nose.
FORMALITY	Colloquial.
IN CONTEXT	**A:** ¡Mirá qué **naso** tiene ese tipo! **B:** Sí, es enorme.
SIMILAR TERMS	Nariz, napia.

192. PIBE *(pee-beh)*

DEFINITION	Kid, boy, or young man.
FORMALITY	Neutral.
IN CONTEXT	**A:** ¿Quién es ese **pibe**? **B:** Es el hijo de Marta.
SIMILAR TERMS	Chico, muchacho, gurí.

193. PONERSE LA GORRA

(poh-nehr-seh lah goh-rah)

DEFINITION To act strict or authoritarian, often in a way that annoys others.

FORMALITY Informal.

IN CONTEXT **A:** El profe se **puso la gorra** con los exámenes.
B: Sí, está insoportable.

SIMILAR TERMS Ser autoritario, ser estricto, volverse pesado.

194. RE *(reh)*

DEFINITION Very or extremely, used as an intensifier.

FORMALITY Colloquial.

IN CONTEXT **A:** ¿Te gustó la peli?
B: Sí, estuvo **re** buena.

SIMILAR TERMS Muy, súper, bastante.

195. SACATE LA GORRA

(sah-kah-teh lah goh-rah)

DEFINITION Stop being strict or annoying.

FORMALITY Informal.

IN CONTEXT **A:** Dejá de joder, **sacate la gorra**.
B: Bueno, me calmo.

SIMILAR TERMS Relajate, calmate, aflojá.

WITH FRIENDS

196. SALAME *(sah-lah-meh)*

DEFINITION Fool or idiot, but in a playful or endearing way.

FORMALITY Colloquial.

IN CONTEXT **A:** ¿Por qué no me avisaste?
B: ¡Qué **salame**, se me pasó!

SIMILAR TERMS Boludo, tonto, gil.

197. TOMÁTELAS *(toh-mah-teh-lahs)*

DEFINITION Go away or leave, often said when annoyed.

FORMALITY Informal.

IN CONTEXT **A:** No quiero escucharte más, **tomátelas**.
B: Bueno, ya me voy.

SIMILAR TERMS Andate, rajá, desaparecé.

198. TROMPA *(trohm-pah)*

DEFINITION Punch, often referring to a punch to the face.

FORMALITY Informal.

IN CONTEXT **A:** Le dieron una **trompa** en la pelea.
B: ¡Qué mal!

SIMILAR TERMS Piña, golpe, puñetazo.

WITH FRIENDS

199. UNA BOCHA *(oo-nah boh-chah)*

DEFINITION A lot, a large amount of something.

FORMALITY Colloquial.

IN CONTEXT
A: ¿Cuánta gente vino?
B: ¡**Una bocha**! No entraba nadie más.

SIMILAR TERMS Un montón, muchísimos, una banda.

200. ZARPADO *(zahr-pah-doh)*

DEFINITION Awesome, extreme, or over the top. Can also mean something inappropriate depending on the context.

FORMALITY Informal.

IN CONTEXT
A: ¡Qué **zarpado** está ese auto!
B: Sí, es impresionante.

SIMILAR TERMS Increíble, genial, pasado de rosca.

SHORT STORY

Raúl y Fernanda están regresando a casa después de una noche de fiesta en un boliche. Mientras caminan por las calles de Buenos Aires, conversan sobre lo que pasó durante la noche.

Raúl: ¡Qué noche, che! El boliche estaba re copado.

Fernanda: Sí, la música estuvo buenísima, aunque a Tomás se le fue la mano con el alcohol. Terminó zarpado.

Raúl: Es un boludo. Siempre termina igual. ¿Viste cuando se cayó en medio de la pista?

Fernanda: ¡Sí! No lo podía creer. Me acerqué para ver si estaba bien y me dijo que estaba al palo de lo bien que la estaba pasando.

Raúl: Ja, ja, ja. Clásico de Tomás. Pero bueno, al menos no hizo un despelote más grande.

Fernanda: Igual, el que estaba insoportable era Martín. Se puso la gorra cuando le dije que no quería bailar con él.

Raúl: ¡Qué salame! Es que Martín siempre fue medio cheto y se cree que todo el mundo tiene que hacer lo que él dice.

Fernanda: Totalmente. Después de eso, me quedé un rato con las chicas, pero terminé colgada hablando con vos y los demás afuera.

Raúl: Y bueno, menos mal que la pasamos bien. Aunque ahora estoy muerto. No veo la hora de llegar a casa y tomármelas.

Fernanda: Te entiendo. Yo también. Mañana no me levanta ni una grúa. Pero antes de irnos, pasemos por el kiosco, ¿dale? Necesito un faso.

Raúl: Uff, no sé cómo tenés ganas de fumar después de todo lo que tomaste. Yo con el humo ya me siento mal.

Fernanda: Es que necesito relajarme, fue una noche intensa.

Raúl: Bueno, vamos. Pero mirá que después de eso, me las pico directo a casa, ¿eh?

Fernanda: Sí, sí, tranqui. ¡Ah! Y la próxima vez que salimos, recordame no invitar a Martín. No tengo ganas de que se ponga careta otra vez.

Raúl: Hecho. La próxima salida será solo con los que no flashean. ¡Nosotros y los que saben pasarla bien!

Fernanda: Exacto. ¡Bueno, a seguir caminando que ya casi llegamos!

Los dos continúan su camino, riéndose de las anécdotas de la noche, mientras planean la próxima salida.

QUESTIONS

¿Por qué Raúl dice que Tomás es un "boludo"?

a) Porque Tomás no fue al boliche
b) Porque Tomás se cayó en medio de la pista
c) Porque Tomás se fue temprano
d) Porque Tomás no quería bailar

¿Qué hizo Martín que molestó a Fernanda?

a) Le insistió en que bailara con él
b) Le pidió que lo acompañara al kiosco
c) Se fue sin despedirse
d) Le dijo que estaba al palo

¿Qué significa "me las pico" en la conversación de Raúl?

a) Que va a pedir un faso
b) Que va a bailar
c) Que se va a ir rápidamente
d) Que va a seguir caminando

¿Por qué Fernanda necesita un "faso"?

a) Porque se quedó sin dinero
b) Porque quiere relajarse después de la noche
c) Porque está enojada con Raúl
d) Porque tiene sueño

¿Qué deciden sobre Martín para la próxima salida?

a) No invitarlo porque siempre llega tarde
b) No invitarlo porque se pone "careta"
c) Invitarlo solo si trae a Tomás
d) Invitarlo porque sabe pasarla bien

ANSWERS SHEET

At the restaurant

1. b
2. c
3. b
4. c
5. a

At work

1. c
2. a
3. b
4. a
5. b

Emotions and attitudes

1. b
2. c
3. a
4. b
5. b

Everyday life

1. c
2. b
3. c
4. b
5. c

Relationships

1. a
2. b
3. b
4. c
5. b

Shopping/Supermarket

1. c
2. d
3. a
4. b
5. b

With family

1. b
2. c
3. b
4. c
5. b

With friends

1. b
2. a
3. c
4. b
5. b

FINAL WORDS

We want to express our gratitude for choosing **Argentinian Spanish Phrasebook** as your guide to learning Spanish.

We aim to offer you new ways to learn Spanish, breaking away from the monotony of traditional courses. Therefore, we trust that you'll find this book accessible, comfortable, and interesting.

Remember that learning a new language isn't just about words on paper; it's also about experiences and cultural connections. We hope that the 200 words and phrases have expanded your vocabulary and contributed to a deeper understanding of the richness of the Argentinian culture.

Keep in mind that learning is a continuous journey, and each word you've incorporated is an accomplishment that propels you toward achieving full confidence in the language. Every step in this ongoing process contributes to your growing proficiency and understanding, making the journey itself as valuable as the destination.

One last thing: If you found this book useful and would like to support this project, we kindly ask you to leave us a 5-star review on Amazon. This will help us share more practical knowledge with the world and bring more cultures together.

Congratulations again, and we look forward to seeing you take on your next challenge!

The Digital Polyglot team.

Made in United States
Cleveland, OH
30 November 2024